Collection Ratus

Collection dirigée par Jeanine et Jean Guion

Dans ton livre, tu trouveras :

- les mots difficiles expliqués page 89
- les bonnes réponses des questions-dessins à la fin.

Conception graphique : Klara Corvaisier • Mise en page : Jehanne Fitremann
Édition : Marie Millet • Adaptation 3D du personnage de Ratus : Gabriel Rebufello
Création du monde de Ratus et scénarios des dessins : J. & J. Guion
Conception des jeux de lecture : J. & J. Guion

Loi n°49 956 du 16 juillet 1949 sur les publications destinées à la jeunesse.
ISBN : 978-2-401-02793-0 • Dépôt légal : 02793-0 / 02 - Avril 2019
Achevé d'imprimer en France par Pollina à Luçon – France – 89050

Ratus gardien de zoo

Une histoire de Jeanine et Jean Guion
illustrée par Olivier Vogel

Hatier jeunesse

Paulo le gorille
Mina
Ratus
Marou

Belo
Victor
Mamie Ratus
Les personnages de l'histoire

À notre Valentin.

Les lois que Victor applique sont librement inspirées de lois anciennes qui n'ont jamais été supprimées…

1

L'été approche. Tandis que Belo s'occupe de ses tomates, Marou et Mina jouent avec Ratus. Mais aujourd'hui, le rat vert n'est pas sorti de la journée, même pas pour donner un peu d'eau à son cactus qui commence à avoir soif. Que lui est-il donc arrivé ? Mina l'appelle en vain depuis ce matin : pas de réponse ! Finalement, guidée un peu par l'inquiétude et beaucoup par la curiosité, elle va frapper à sa porte.

Un grognement furieux lui répond :

– Fichez-moi la paix !

– Mais… c'est moi, Mina.

Aussitôt, Ratus ouvre, tout souriant.

– Qu'est-ce que tu fais ?

– Je suis occupé.

Et il montre la feuille qui vient de sortir de son imprimante.

– Qu'est-ce que c'est ? demande Mina.

Ratus lit en s'appliquant :

– C'est mon *q-ré-q l'homme vitré.* 1

Devant l'air étonné de sa copine, il explique :

– C'est une page où je raconte ma vie pour trouver du travail. *Q-ré-q*, c'est une abréviation qui veut dire question-réponse-question.

– Tu as passé la journée à répondre à des questions ?

– Non, mais j'ai raconté ma vie comme si on me posait des questions et que je répondais. Maintenant je suis un *homme vitré* parce qu'on peut voir toutes les qualités que j'ai au fond de moi, comme à travers une vitre.

Mina ne connaissait pas cette expression et les explications de Ratus lui paraissent tout à fait convaincantes.

– Qu'est-ce que tu as raconté ?

– J'ai mis que j'étais un rat vert, que j'étais gentil, que j'étais très fort en calcul, que j'aimais le fromage et les animaux.

– Tu veux travailler ?

– Seulement cet été.

– Un vrai travail fatigant ?

– Non, faut pas exagérer ! Juste un peu…

Marou arrive, alors Ratus recommence ses explications.

– Mais, ton truc à l'homme vitré, il est pour qui ? demande son copain.

– Ça, c'est un secret, répond le rat vert. Si je te le dis, tu vas en faire un aussi.

– Je n'en ferai pas, promet Marou.

– Oui, mais si tu le racontes à Victor, lui, il va en faire un, et je n'aurai pas le travail !

– C'est trop tard. J'ai vu Belo qui lui posait des questions pour l'aider à raconter sa vie.

Le rat vert est abattu.

– Alors, c'est lui qui aura le travail.

– Tu veux être gendarme, toi aussi ? demande Marou en imaginant son copain coiffé d'un képi.

– Bien sûr que non, j'veux pas être gendarme.

– Alors, il n'y a pas de problème. Victor, lui, il a écrit son truc à l'homme vitré pour être gendarme pendant les vacances.

À cette idée, Ratus se frotte les mains :

– Si Victor est gendarme pendant les vacances, on va bien s'amuser, dit-il. Je vais lui faire des farces : je mettrai de l'eau savonneuse dans son sifflet pour qu'il fasse des bulles !

– Il faut toujours respecter les gendarmes ! s'indigne Mina. Même si c'est Victor.

– Bof, dit Ratus, gendarme ou pas gendarme, Victor reste toujours Victor.

– À ta place, dit Marou, je deviendrais gentil. Victor-gendarme pourrait te mettre en prison.

– Il n'osera pas…

– Il en a le droit si tu te moques de lui quand il porte un uniforme.

Ratus est bien obligé d'en convenir : il ne pourra pas faire de farces au gendarme-Victor.

– Les vacances vont être tristes, soupire-t-il. Heureusement que j'aurai mon travail.

– Quel travail ? demande Mina.

– Vous ne le répéterez à personne ?

– Non, promettent les chats.

Ratus leur dit alors d'un ton mystérieux :

– Eh bien, je vais entrer au zoo !

Marou et Mina sont tellement étonnés par ce qu'ils viennent d'entendre qu'ils en restent la bouche ouverte. Puis la petite chatte demande d'une voix où perce l'inquiétude :

– Tu veux te faire mettre dans une cage ?

– Pourquoi pas ? fait Marou en riant. Le zoo n'a pas de rat vert !

– Vous avez tout faux ! ricane Ratus, content du quiproquo. Le nouveau directeur pense que 2
les animaux seraient plus heureux si quelqu'un venait leur tenir compagnie, leur lire des histoires et les écouter. Alors, pendant les vacances, il cherche un employé pour rendre les animaux heureux.

Marou ouvre de grands yeux :

– Et ce nouvel employé, ce serait toi ?

– Gagné ! fait Ratus. Si je suis accepté, je serai stagiaire au zoo de Villeratus.

– C'est sûrement un travail très intéressant, dit Mina. Je comprends que tu veuilles le faire.

– C'est un secret ! rappelle Ratus. Si Victor le sait, il voudra travailler au zoo pour montrer ses muscles au gorille et aux lions.

Ratus plie ensuite sa feuille, la glisse dans une enveloppe et sort en déclarant :

– Je file donner mon q-ré-q… euh… ma feuille. Le zoo ferme à six heures et j'ai promis au directeur de la lui porter avant ce soir. Alors je me dépêche.

Quel est le secret de Ratus ?

Là-dessus, il sort, saute sur sa moto, démarre en trombe et disparaît sur le chemin dans un nuage de poussière.

Deux jours plus tard, Victor arrive chez Belo tout essoufflé.

– J'ai une nouvelle extraordinaire, annonce-t-il. Le zoo a un nouveau singe !

– Il n'y a pas de quoi en perdre le souffle, dit Belo, étonné par l'attitude de son ami.

– Ce n'est pas n'importe quel singe, ajoute Victor avec un sourire épanoui.

– Un nouveau gorille ? demande Belo.

– Mieux que ça ! fait Victor en étalant son journal sur la table et en montrant une photo. Il paraît qu'il est vert...

– Mais c'est... Ratus !

– Lui-même ! dit Victor, heureux comme s'il annonçait qu'il avait gagné au loto. Le nouveau singe du zoo, c'est lui ! Un singe vert !

Mina prend aussitôt la défense de son ami.

– Tu es méchant ! fait-elle. Vraiment méchant.

– Elle a raison, dit Belo.

– Je suis méchant, moi ? Hier, qui m'a dit que

j'allais être un gendarme à tête de bois ?

Tous pensent à Ratus.

– Et qui a dit une fois que j'avais une cervelle en fromage blanc ? continue Victor. Et qui a encore dit que dans mon crâne il y avait juste un petit pois ? Qui se moque toujours de moi ?

Bien sûr, celui qui a dit tout ça, c'est Ratus.

Cette fois, le gros chien va pouvoir se venger. Il va être gendarme-stagiaire et Ratus n'a qu'à bien se tenir. Justement, le voilà qui arrive.

– Salut tout le monde ! crie le rat vert avec un grand sourire. J'espère que vous allez bien, car moi je suis en super-forme géante !

Et sans laisser à Victor le temps de dire un mot, Ratus annonce qu'il a été employé au zoo et que, grâce à lui, les animaux vont enfin être heureux. Puis il regarde Victor d'un œil moqueur :

– Je parie que tu ne me crois pas.

– Ils t'ont embauché pour te mettre dans une cage avec une pancarte accrochée aux barreaux :

Rat vert
Espèce en voie de disparition.
Seul exemplaire connu.
Nuisible qui se goinfre de fromage.

Ratus hausse les épaules.

– Tu dis n'importe quoi, fait-il. Tu es un affreux gendarme jaloux.

– Gendarme jaloux, moi ? proteste Victor. Tu seras incapable de t'occuper des animaux.

– Qu'est-ce que tu en sais ? réplique Ratus. Si tu veux, viens avec moi. Je te mettrai dans une cage entre le singe et l'âne et tu seras heureux.

Victor, qui était assis, se lève d'un bond. Les poings appuyés sur la table, il est menaçant.

– Moi, je disais ça parce que tu manges des saucisses, dit Ratus, prêt à prendre la poudre
d'escampette. 3

– Et que viennent faire les saucisses là-dedans ? gronde le gros chien.

– Si je te mettais entre le lion et le tigre, ils voudraient manger tes saucisses, explique Ratus. Ils te grifferaient ou te mordraient à travers les barreaux. Tandis que si je te mets entre le singe et l'âne, tu seras tranquille pour manger tes saucisses. Malin, non ?

Victor est bien obligé de reconnaître que les arguments du rat vert sont bons, mais ça le fait ronchonner :

– Tout de même, entre un singe et un âne, ce n'est pas flatteur pour moi.

– T'inquiète pas, lui dit Ratus. Je mettrais une pancarte. Dessus, j'écrirais :

Gros chien
Ne ressemble ni au singe,
ni à l'âne.

– Ça suffit, fait Victor. Arrête !

– Et en plus, j'ajouterais que tu es musclé, que tu te nourris de saucisses et que les visiteurs peuvent t'en donner autant qu'ils veulent.

– Tu ferais ça pour moi ? demande avec étonnement Victor, tout à coup séduit à l'idée de passer le reste de sa vie à manger tranquillement des saucisses et à se reposer, sans être obligé de se lever pour aller au travail.

– Bien sûr ! fait le rat vert. Je t'autoriserais même à garder ton uniforme de gendarme.

– Tu ferais vraiment tout ça pour moi ? répète
naïvement Victor. 4

– Ben oui ! répond Ratus. C'est normal. J'ai été embauché pour rendre les bêtes heureuses, alors je commencerais par toi !

Il éclate de rire et se sauve à reculons en tirant la langue.

– Je ne suis pas une bête ! hurle Victor.

– On le sait, dit Belo en souriant, mais il faut lui pardonner. Il est tellement content d'être gardien de zoo qu'il dit des bêtises. Et tu l'as un peu cherché…

– Tu as raison, grogne Victor. Je m'énerve parce que j'en ai par-dessus la tête d'être toujours la cible de ses moqueries. Mais ça va changer ! Quand j'aurai mon uniforme, mon képi et mon bâton de gendarme, Ratus n'aura qu'à bien se tenir !

2

Arrivé au zoo, Ratus se rend directement chez le directeur qui lui donne une blouse blanche et lui explique en quoi consiste son travail.

– Monsieur Ratus, tout ce que vous avez à faire, c'est être gentil avec les animaux. Vous leur parlez, vous pouvez leur raconter des histoires drôles ou leur chanter des chansons, comme vous voulez. Mais je vous interdis d'entrer dans les cages.

– Bien, m'sieur l'directeur, dit Ratus.

Puis après réflexion, il ajoute :

– Alors, puisque je ne peux pas entrer dans les cages, je ne pourrai pas caresser les animaux ?

– Surtout pas ! s'indigne le directeur. Ce sont tous des animaux sauvages. Ils peuvent être dangereux. Un lion aurait vite fait de vous dévorer.

Ratus frissonne à cette idée, mais pense qu'il n'y a pas que des carnivores dans un zoo.

– Mais le zèbre, lui, il ne mange pas de viande, c'est un herbivore. Il ne voudra pas me manger.

– Le zèbre aussi est dangereux. C'est un âne, cet animal. Un âne rayé, certes, mais un âne tout de même. Il peut faire une ruade et vous donner des coups de sabots terribles.

– J'ai compris, m'sieur l'directeur, dit Ratus. Je n'irai pas dans les cages et je ne ferai pas de caresses aux animaux. Mais je pourrai faire les yeux doux aux crocodiles ?

– Si ça vous amuse, vous pourrez toujours faire les yeux doux à qui vous voulez, mais je ne crois pas que ça serve à grand chose.

Fort de ces recommandations, le rat vert quitte le bureau du directeur, enfile sa blouse qui le fait ressembler à un vétérinaire et se dirige tout droit vers le parc des éléphants.

Le zoo de Villeratus est très fier de sa famille d'éléphants qui vit paisiblement dans un vaste enclos. Il y a le père, la mère, leur petit, sans oublier une tante grognon et un vieil oncle qui passent là une retraite tranquille.

Qu'arrive-t-il à Ratus ?

– Salut, les mammouths ! leur crie Ratus.

Le père lève sa trompe et regarde d'un œil sévère l'ignorant qui vient de s'adresser à lui.

– On n'est pas des mammouths ! grogne-t-il. On est des éléphants d'Afrique.

– Je sais, dit Ratus. C'était juste pour vous faire une blague et vous faire rire.

– Ah, tu es un petit plaisantin ! dit le père. Eh bien, question de blague, tu vas voir que je m'y connais moi aussi.

L'éléphant explique à Ratus qu'il n'a pas l'habitude de parler aux visiteurs, et que ça lui donne soif. Aussi doit-il boire un peu avant de continuer.

– Vas-y, bois un coup, lui dit Ratus. J'ai tout mon temps.

L'éléphant se tourne vers son bassin, trempe longuement sa trompe dans l'eau en aspirant, comme fait Ratus quand il boit de la limonade. Puis il relève sa trompe, vise le rat vert et lui projette en pleine figure l'eau qu'il a aspirée.

– Eh ! fait Ratus, trempé et furieux, t'as pas fini de jouer au pompier ! C'est pas drôle. Ma jolie blouse est toute mouillée.

– Dis, papa, demande le petit de l'éléphant, est-ce que je peux l'arroser, moi aussi ?

– Eh, doucement ! fait Ratus.

– J'aimerais bien…

– Ça te rendrait heureux ? demande le rat vert.

– Oh, oui ! répond l'éléphanteau.

– Bon, ben, vas-y, dit Ratus. Puisque je suis déjà tout mouillé et que c'est mon travail, joue au pompier si ça te fait plaisir. Il faut bien que je gagne mon fromage quotidien.

Et pour la plus grande joie du petit éléphant, Ratus reçoit sa deuxième douche de la journée. Tandis qu'il s'ébroue, l'animal plonge à nouveau 5
sa trompe dans l'eau pour une troisième séance d'arrosage. Comprenant ce qui va lui arriver, le rat vert décide qu'il a suffisamment fait le bonheur de la famille éléphant et il se sauve.

– Au revoir, les mammouths-pompiers ! Je reviendrai plus tard.

L'épisode des éléphants n'a pas découragé Ratus qui décide d'aller voir les lions. Mais quelle n'est pas sa surprise lorsqu'il arrive devant l'espace où vivent les rois des animaux.

– Mais, c'est le vieux Léon ! s'écrie le rat vert.

À ces mots, un lion qui dormait les pattes en l'air ouvre un œil.

– Tiens, Ratus ! Que fais-tu là ? dit-il en se redressant. Tu es vétérinaire, maintenant ?

– Non. Je m'occupe des animaux cet été. Je dois les rendre heureux.

– Tu ne vas pas avoir beaucoup de travail, ici. On est bien dans ce zoo. On est nourris, logés et soignés sans rien faire. Le paradis, quoi !

– Tu n'es pas malheureux en cage ?

– Non, je suis bien plus heureux que lorsque tu m'as connu, à l'école du cirque*. À l'époque, il fallait que j'obéisse, que je saute sur des tabourets, dans des cerceaux, que je coure autour de la piste même si j'en avais pas envie…

– Mais c'est triste d'être enfermé !

– On est toujours enfermé quelque part, il faut se faire une raison. Demande aux lionnes si elles voudraient retourner dans la brousse. On croit qu'elles sont heureuses là-bas, mais c'est elles qui font tout le travail : chasser, empêcher les hyènes et les vautours de voler ce qu'elles ont réussi à attraper, nourrir leurs petits, les protéger… Quel boulot !

---

* Voir *Ratus à l'école du cirque*. Collection Ratus.

Le rat vert est surpris par les réflexions du vieux Léon. Il lui dit avec un regard malicieux :

– Et si les lions mangeaient dans des assiettes, les lionnes seraient en plus obligées de laver la vaisselle !

Le lion sourit, puis revient à son idée :

– Malheureux ? Quelle drôle d'idée. Les hommes se croient donc libres ! Pendant qu'on fait la grasse matinée, ils passent des heures dans les trains ou dans leurs voitures pour aller au boulot. Dans un zoo, as-tu déjà vu des lions qui travaillent, toi ?

– Euh… non.

– Tu vois, je te le disais, ce sont les hommes qui sont à plaindre. Les pauvres, obligés de travailler s'ils veulent s'acheter à manger et s'ils veulent se loger. Pas nous ! Au zoo, on a tout ce qu'il faut sans rien faire. Le rêve, quoi !

– Tu n'aimerais pas sortir de ta cage ?

– Pour quoi faire ? demande le lion.

– Je ne sais pas, moi… pour aller te promener, par exemple.

Le vieux lion soupire, hoche la tête, comme s'il s'adressait à un mauvais élève qui ne comprend vraiment rien à rien.

– Me promener, moi ? Comme les hommes quand ils viennent nous voir avec leurs petits ? Pendant ma sieste, quand j'ouvre un œil, je les regarde derrière les barreaux. Ils marchent sagement dans les allées, et ne peuvent pas s'en écarter. Il y en a même en tenue de sport qui courent droit devant eux, et qui soufflent, et qui transpirent. Ils me font de la peine…

– Alors, tu ne veux pas sortir avec moi ?

– Non. Je préfère rester là.

Ratus a soudain une idée.

– Et si tu venais regarder la télé chez moi ?

Le vieux Léon semble hésiter.

– Tu as la télé chez toi ? demande-t-il, l'œil brillant de curiosité. C'est vrai qu'on n'a pas la télé, au zoo.

– Les hommes ont tous la télé, fait le rat vert.

– Alors, je veux bien aller avec toi, dit Léon. Surtout si tu m'emmènes sur ta moto.

– Marché conclu ! fait Ratus. Je viendrai te chercher au moment de la fermeture du zoo.

Vers la fin de l'après-midi, la porte des lions s'entrouvre et un museau apparaît.

– Léon ! appelle une voix étouffée. T'es prêt ?

– Je suis là, répond le vieux lion.

– Alors, suis-moi ! fait la voix. Mais surtout, ne rugis pas. Faut pas se faire remarquer.

Et le rat vert, suivi du vieux Léon, quitte discrètement le zoo pour rejoindre sa moto.

– Ça m'ennuie, dit-il, je n'ai pas de casque pour toi.

– Tant pis, fait le lion. Si tu es prudent, je ne risque rien.

Et il saute sur la moto.

– Pousse-toi un peu, rouspète le rat vert en s'installant. Tu prends toute la place. Accroche-toi à mes épaules et tiens-toi bien à moi.

Le vieux Léon fait ce qu'il peut pour suivre les conseils de Ratus. Coincé sur le siège étroit au-dessus de la roue arrière, en équilibre instable dans une position peu confortable, souffrant de ses rhumatismes, il s'accroche au tricot du rat vert pour ne pas tomber.

– Hé ! rentre tes griffes ! lui crie Ratus en démarrant.

Les voilà partis. Sur la route, les automobilistes sont surpris de voir un lion sur une moto pilotée par un rat vert. Ils en oublient de tenir leur volant, de regarder où ils vont et beaucoup perdent le contrôle de leur véhicule.

Le trajet des deux copains est ainsi rythmé par des hurlements de freins, des concerts de klaxon furieux, des cris de piétons effarouchés et des bruits de tôle froissée. Tant et si bien que ce qui devait se produire finit par arriver. Une voiture de police poursuit Ratus et l'oblige à s'arrêter.

Tandis que l'un des deux gendarmes reste au volant, son collègue sort du véhicule et se dirige lentement vers la moto, prêt à battre en retraite au cas où le lion ne respecterait pas la loi qui, à Villeratus, interdit aux fauves de dévorer les représentants de l'ordre public.

– Vos papiers, demande le gendarme d'une voix étranglée par la peur.

– Mais c'est mon ami Victor ! s'écrie Ratus. Pourquoi tu trembles ?

– Je... je... ne tremble pas... Qui est le... le... passager derrière toi ?

– C'est mon copain Léon.

D'après le gendarme-Victor,
que devrait porter le lion ?

– Il devrait porter un casque !

– Je sais, dit Ratus. Mais les marchands de casques n'en vendent pas pour les têtes de lion.

– Tu en es certain ? demande le gendarme-stagiaire Victor.

Ratus dit qu'il en est sûr, puis ajoute le plus sérieusement du monde qu'il a lu tout le code de la route l'après-midi même pour vérifier : nulle part, il n'est écrit que les animaux sont obligés de porter un casque quand ils sont sur une moto.

Victor en convient. Le premier contact s'étant finalement bien passé, il se sent maintenant rassuré et s'enhardit même un peu.

– Et où tu vas, comme ça ?

– Chez moi, répond Ratus.

– Avec un lion ?

– Oui. Il a une permission de sortie jusqu'à minuit.

Le gendarme Victor aimerait bien vérifier cette permission-là, mais un coup de griffes est vite arrivé et il pense qu'il a intérêt à rester prudent.

– Hum, dit-il. Il a des papiers, ton passager ?

– Non, mais je le connais depuis longtemps.

Comme le gendarme-stagiaire le regarde d'un

air soupçonneux, le vieux Léon, qui n'a pas envie qu'on le ramène au zoo avant d'avoir vu la télé, fait sagement oui de la tête, en bavant tout de même un petit peu parce qu'il a faim.

– N'empêche que tu as provoqué au moins une vingtaine d'accidents depuis qu'on te suit ! fait Victor sur un ton de vrai gendarme.

– Ce n'est pas de ma faute si les autres ne sont pas maîtres de leur véhicule, dit Ratus. Moi, je roule doucement, je porte mon casque et je respecte le code de la route.

Le gendarme Victor fait le tour de la moto en hochant la tête. Il réfléchit... Il a l'impression que le vieux Léon, immobile sur son siège de moto,
a l'air inoffensif, et même un peu gâteux à cause 6
du filet de bave qui s'échappe de ses lèvres. C'est donc le moment ou jamais de trouver quelque
chose qui ne va pas. Une petite infraction, juste 7
pour coincer Ratus.

Hélas, tout semble en ordre. Il appelle son collègue resté dans la voiture.

– Hé, Georges ! crie-t-il. Consulte l'ordinateur pour savoir ce que dit le code de la route à propos des lions qui font de la moto.

Une minute plus tard, une petite imprimante se met à crépiter dans la voiture du gendarme.

– Y'a quelque chose ! crie Georges en tendant une feuille à Victor qui se met à lire à haute voix :

Loi du 23 avril 1923, Article 37, alinéa 3 : un félin 8
sauvage qui circule sur une route doit porter un signal lumineux attaché au bout de la queue.

– Tu as entendu ? demande Victor.

– Léon n'est pas un animal sauvage, proteste Ratus. C'est juste un lion à la retraite.

– À la retraite ou pas, réplique Victor, c'est un lion, donc un félin. Il n'a pas de feu de position attaché au bout de la queue, pas le moindre clignotant, pas le plus petit lumignon. Ce n'est
pas réglementaire. Donc, je verbalise ! 9

– Victor, tu ne devrais pas faire ça. Ce n'est pas parce que tu as un képi qu'il faut énerver le vieux Léon.

– Je fais mon travail, grogne Victor.

– Tu as tort... répète le rat vert.

Ratus a raison. Les lions sont gentils, mais ils ne sont jamais très patients, et le vieux Léon a beau être raisonnable et avoir atteint l'âge de la retraite, il finit par se mettre en colère. Il pousse un rugissement terrible tout près des oreilles du gendarme Victor qui devient instantanément sourd comme un pot et blanc comme un linge.

– Bon, ça va pour cette fois… bredouille-t-il. Vous pouvez partir.

Et c'est ainsi que le vieux Léon s'est retrouvé chez Ratus. Il a mangé un peu de fromage du bout des dents pour faire plaisir à son copain, mais en faisant des grimaces.

Il a regardé la télévision, mais en se bouchant les oreilles chaque fois qu'une chanteuse prenait le micro. Il a aussi beaucoup bâillé et s'est même endormi. Vers minuit, Ratus l'a secoué pour le réveiller :

– Hé, vieux Léon, c'est l'heure de rentrer. Tu as aimé la télé ?

– Pas trop, fait le lion. Pourquoi est-ce qu'on montre des gens qui crient au point de me casser les oreilles ?

– Les chanteurs ?

– Oui. Et en plus, ils n'arrêtaient pas de se secouer. Tu as déjà vu des lions se secouer comme ça, toi ?

– Non, jamais. Mais le foot, tu as aimé ?

– Oui, mais c'est un jeu idiot : ils courent tous après un ballon qu'ils ne veulent même pas manger ! Nous autres, les lions, quand on court après quelque chose, ce n'est pas pour lui donner un coup de patte. C'est parce qu'on a faim.

– Allez, on y va, dit Ratus en haussant les épaules. Mais cette fois, je t'attache une lampe électrique au bout de la queue, à cause de Victor.

– Si tu veux, dit le lion. Ça fera plaisir à ton gendarme. Et, en plus, je trouve que c'est joli.

3

Le lendemain, quand Ratus arrive à son travail, le vieux Léon dort profondément, épuisé par son escapade de la veille. Alors, le rat vert le laisse dormir, enfile sa blouse, prend le parapluie qu'il a apporté avec lui et se dirige d'un bon pas vers le parc des éléphants.

– Salut les mammouths ! crie-t-il.

– Tu vas voir si on est des mammouths ! grogne l'éléphanteau.

Il plonge sa trompe dans l'eau, la dirige vers Ratus et l'arrose. Mais le rat vert a déjà ouvert son parapluie.

– Raté ! crie-t-il. Je suis plus malin que toi. Si tu promets de ne plus m'arroser, je t'emmène ce soir faire un tour en ville.

– Youpi ! Tu ferais ça ?

– Bien sûr, si tes parents acceptent.

L'éléphanteau danse de joie :

– Papa ! Maman ! Je veux aller en ville avec Ratus.

– Tu seras gentil ? demande le père.

– Oh, oui !

– Ratus, vous veillerez bien sur mon petit ?

– Oui, madame.

Vers sept heures du soir, le rat vert et son nouvel ami quittent discrètement le zoo.

– J'veux monter sur ta moto, dit l'éléphant.

– C'est pas possible, répond Ratus. Tu es trop lourd, tu vas l'écraser. Mais j'ai une meilleure idée. On va jouer au cow-boy.

– On peut pas, j'ai pas de chapeau.

– Tu n'as pas besoin de chapeau, ce sera moi le cow-boy. Toi, tu seras le cheval.

– J'veux pas être un cheval. J'suis un éléphant !

– Fais pas l'âne, dit le rat vert. Tu ne veux pas être un vrai pur-sang ?

– Non !

– Un beau pur-sang, comme on en voit dans les films, avec une belle crinière qui flotte au vent ?

L'éléphant n'hésite pas :

– D'accord pour la crinière. Mais je veux aussi

garder ma trompe.

– Marché conclu, fait Ratus. Tu seras un cheval avec une trompe et une belle crinière qui flotte au vent.

Le rat vert saute sur le dos de l'éléphant en criant « En avant ! » et les voilà partis au petit trot en direction de Villeratus.

Sur la route, les automobilistes n'en reviennent pas. Hier soir, c'était un lion sur une moto. Aujourd'hui, c'est un éléphant avec un rat vert sur le dos ! Cet étrange équipage double dans les virages, se faufile dans les embouteillages et surtout, ne respecte pas le code de la route.

– Encore lui ! s'écrie le gendarme-stagiaire Victor en voyant Ratus qui se tient aux oreilles de l'éléphant.

Il sort son sifflet et souffle dedans de toutes ses forces. L'éléphant s'arrête, mais au lieu de se ranger sagement sur le côté de la route, il descend dans un pré en contre-bas où il a repéré une mare à grenouilles.

– N'approche pas ! crie Ratus à Victor.

Le gendarme Victor ne l'écoute pas, il se dirige à grands pas vers l'animal à trompe. Il est sûr de lui. Ayant réussi la veille à faire attacher une lampe électrique à la queue d'un lion, il ne doute pas qu'il réussira à imposer les lois de Villeratus à tous les animaux, même à un éléphant.

– N'approche pas ! répète le rat vert.

Trop tard ! L'éléphanteau dirige sa trompe vers le représentant de la loi et l'arrose avec l'eau de la mare.

– Circule ! hurle le gendarme-stagiaire en s'ébrouant et en enlevant une grenouille qui se cramponne à son képi. Circule ! Si je te revois…

D'un coup de talon, Ratus fait comprendre à sa monture qu'il ne fait pas bon s'attarder près de Victor et les voilà repartis vers la ville.

– J'ai faim, grogne l'éléphanteau. J'ai très faim.

– Je vais t'acheter un sandwich, dit le rat vert. Attends-moi.

Il descend de l'éléphant et l'attache à un
parcmètre. 10

– Halte là ! crie une voix bien connue. Il est interdit d'attacher son éléphant à un parcmètre !

C'est à nouveau Victor. Encore tout mouillé, il jaillit de la voiture de police en brandissant une feuille.

Pourquoi Victor met-il une contravention à Ratus ?

11

12

13

– *Loi du 9 janvier 1876, Article 19, alinéa 27.* C'est sur ma feuille. Je verbalise.

Et Victor se met à écrire en s'appliquant.

– Ça va te coûter cher, dit-il. Garer son éléphant sur une place de stationnement, sans payer, c'est déjà grave. Mais l'attacher à un parcmètre, c'est carrément interdit !

– Ce n'est pas mon éléphant, proteste Ratus.
Il faut que tu donnes ton P.-V. à ses parents. On 11
s'en va.

– Reste là ! hurle Victor. Je n'ai pas encore fini d'écrire.

– On ne peut pas rester puisque c'est interdit, dit Ratus. C'est toi qui l'as dit !

Et il détache l'éléphanteau, saute sur son dos et prend la direction du zoo, plantant là Victor qui soulève son képi et se gratte le front dans un geste d'impuissance :

– Quel métier ! grogne-t-il.

Sur la route du zoo, Ratus chante à tue-tête :

C'est moi l'cow-boy Ratus
Sur mon ch'val-éléphant
Je m'en vais triomphant
Dans le soleil couchant...

Mais l'éléphanteau n'a pas envie de chanter, lui. Il ronchonne :

– J'ai faim !

En passant devant un restaurant rapide dont les senteurs de frites sont diffusées par la brise du soir, il devient même agité :

– J'ai faim, une faim de loup. Je veux manger.

– D'accord, lui dit Ratus. Mais j'ai juste
de quoi t'acheter un hamburger et des frites. 12
Comme tu es trop gros pour entrer dans le
restaurant, on va faire la queue dans la file des
voitures.

Devant eux, trois véhicules attendent leur tour. L'éléphant observe bien pour comprendre comment il faut faire. Chaque fois, le conducteur baisse sa vitre et parle devant un micro. L'animal suppose que l'homme doit dire qu'il a faim parce que, un peu plus loin, une serveuse coiffée d'un casque-micro, cachée derrière un guichet, lui donne un plateau en carton avec quelque chose à manger.

L'éléphanteau trouve la procédure des plus 13
simples. Aussi, quand vient son tour, s'applique-
t-il à faire comme les autres conducteurs qui sont

passés avant lui. Devant le micro, il barrit qu'il a faim. Évidemment, ça ne marche pas, et Ratus, toujours perché sur le dos de l'animal, est obligé de crier la commande à tue-tête. Pour le coup, l'éléphant s'affole et se demande s'il doit avancer ou reculer. 14

– Hue ! crie Ratus.

L'éléphanteau avance donc et se retrouve en face de la serveuse coiffée de son casque-micro. Mais elle ne lui donne rien.

– Attendez, dit-elle. Ce n'est pas encore prêt.

Il ne manquait plus que ça ! Stimulé par l'odeur des frites, l'animal trépigne d'impatience, donne des coups de trompe à droite, à gauche. Quand arrive le plateau en carton avec la commande, c'est la catastrophe ! Il se met à barrir de colère en s'apercevant qu'il y a seulement une petite boîte et un minuscule cornet de frites. Furieux, il passe sa trompe par le guichet, attrape tout ce qu'il trouve et se le fourre dans la bouche. Tout y passe : les paniers de frites bien dorées, les paquets de frites encore surgelées, les hamburgers cuits, les hamburgers crus, les feuilles de salade, les emballages en carton, les morceaux de poisson et ceux de poulet. Tout, il avale tout, sauf les tranches de cornichon sucré qu'il recrache.

Après deux rots provoqués par des emballages en carton, il s'attaque aux desserts, vide les bidons de lait, pompe la sauce au chocolat, ingurgite les cookies, les brownies, les muffins, les tartes aux pommes, piétine celles à la rhubarbe et mastique les gobelets. Il termine par les débris de cacahuètes et les sucres colorés. Comme il a soif, il plonge sa trompe dans la machine à distribuer les sodas, avale autant de gaz que d'eau, rote à nouveau et pousse un « ah ! » de satisfaction.

– Ce n'est pas très bon, dit-il, mais j'avais faim.

Dans le restaurant, le directeur avait pourtant essayé d'empêcher cette trompe baladeuse de tout aspirer sur son passage : coups de balai, coups de casseroles, rien n'y avait fait.

En désespoir de cause, il saisit un extincteur et arrose le pachyderme de mousse blanche dans l'espoir de le calmer. Au contraire, l'animal fait comme ferait n'importe quel client du restaurant âgé de moins de huit ans : il souffle sur la mousse de toutes ses forces, ce qui transforme tous les gens en bonshommes de neige.

« J'espère que le directeur du zoo a une bonne assurance » se dit Ratus en mesurant l'ampleur des dégâts.

Maintenant rassasié, l'éléphanteau abandonne 15
le restaurant. Il trotte, mais d'un pas mal assuré.

– Je crois que je vais être malade, dit-il. Je ne me sens pas bien…

Effectivement, il s'arrête au bord de la route et là, il est vraiment malade !

– C'est normal, lui dit Ratus. D'abord, tu as tout mélangé et puis tu as mangé trop vite. En plus, tu n'aurais pas dû avaler les emballages.

Quand l'éléphanteau se sent mieux, il reprend le chemin du zoo, Ratus toujours sur son dos.

Pendant ce temps-là, dans le restaurant, le gendarme-stagiaire Victor fait un rapport.

– Je parie que le coupable était vert ! dit-il.

– Pas du tout, fait le directeur. C'était un éléphant.

– Oui, oui ! C'était un éléphant, témoignent les serveurs. Il a tout mangé, même les gobelets et les emballages.

– Il a soufflé sur de la mousse blanche et on est tous devenus des bonshommes de neige, crient les enfants. C'était rigolo. Vive l'éléphant !

– Éléphant ou pas, dit Victor, je vais aller dire deux mots à ses parents et ils paieront les dégâts.

– Euh… fait le directeur. Un éléphant adulte, c'est gros ! Six ou sept tonnes… À eux deux, ils doivent peser près de quinze tonnes… S'ils ne veulent pas… S'ils se fâchent… Aïe, aïe, aïe…

– Quinze tonnes ou pas, déclare Victor d'un ton autoritaire, ils paieront. C'est la loi, parole de gendarme-stagiaire !

4

Et c'est ainsi que, tous les soirs, Ratus emmène un pensionnaire du zoo faire un tour en ville. Comme le directeur est parti en vacances, ni vu ni connu, tout se passe bien.

– C'est le directeur qui m'a dit de promener les pensionnaires du zoo, affirme le rat vert aux autres employés. Il m'a embauché pour ça.

Et personne ne pose plus de questions.

De son côté, Victor est très occupé. Profitant de ses nouvelles compétences de gendarme-stagiaire, il dresse procès-verbal sur procès-verbal et fait convoquer tous les fautifs devant le juge qui, heureusement, est en vacances lui aussi, tout comme le chef de la gendarmerie.

– Quand mon chef rentrera, explique-t-il à Belo, il verra que je fais du très bon travail. Le juge pourra envoyer Ratus en prison, mais aussi le vieux Léon qui a rugi dans mon oreille, l'éléphant qui m'a aspergé et qui a saccagé le restaurant, sans parler des autruches qui sont maintenant enragées et pincent tous les chats qu'elles voient.

– Oui, j'ai entendu parler de cette histoire d'autruches ce matin au marché, dit Belo. Que s'est-il passé au juste?

– C'est que…

Bien sûr, Victor est mal placé pour raconter les malheurs de ces gros oiseaux. Un soir de la semaine, Ratus les promenait gentiment quand le gendarme-stagiaire est arrivé en hurlant et en soufflant dans son sifflet :

– Les autruches n'ont pas le droit de traverser la rue! *Loi du 5 octobre 1864, Article 12, alinéa 14.* Or je les ai vues traverser!

Les pauvres bêtes ont eu si peur que, sans réfléchir, elles ont plongé la tête dans le premier bac à sable qu'elles ont trouvé. Or, c'était le bac réservé aux chats du quartier de la gare pour qu'ils fassent leurs besoins. Vous imaginez le drame! Les autruches sont toutes tombées dans les pommes, les deux pattes en l'air. Il a fallu appeler trois ambulances et les pauvres bêtes ont été malades. Depuis, elles sont allergiques aux matous. Dès qu'elles en voient un, elles essaient de le pincer.

Ainsi s'écoulent les jours en ce mois de vacances d'été à Villeratus : Victor à l'affût, dans son uniforme de gendarme-stagiaire, le crayon à la main, prêt à verbaliser et le rat vert promenant les pensionnaires du zoo pour leur plus grande joie.

Un soir, Ratus arrive devant la mairie avec un canard sur la tête, quelques autres sur le guidon et le plus gros sur le siège de sa moto.

– C'est interdit ! hurle Victor. *Loi du 26 janvier 1868, Article 2, alinéa 4.* Interdit de se promener avec un canard sur la tête.

Et il rédige un procès-verbal.

Le lendemain, Ratus promène le crocodile et Victor en profite pour constater une nouvelle infraction :

– Interdit de promener un crocodile sans muselière ! *Loi du 14 avril 1871, Article 6, alinéa 12.*

Ratus tente bien d'expliquer que c'est un vieux crocodile inoffensif qui perd ses dents parce qu'il

De qui les autruches veulent-elles se venger ?

a trop mangé de sucreries à cause de tout ce que les enfants lui lancent, mais rien n'y fait.

– Jeune croco ou vieux croco, claironne Victor, il n'a pas de muselière. Donc, je verbalise.

– Ouvre ta bouche pour montrer au gendarme-stagiaire, dit alors Ratus au crocodile.

Bien sûr, Victor recule aussitôt de trois pas.

– Oh, vous ne craignez rien, dit l'animal. De nos jours, la chair de gendarme est devenue trop ferme avec toute la musculation qu'ils font. Mais je me souviens, quand j'étais jeune…

Et voilà le vieux crocodile parti à raconter ses aventures de jeunesse.

– Une fois, dans la brousse, j'en ai mangé un. Un Anglais, un grand maigre, pas musclé du tout. Un peu trop le goût de thé, et trop d'os avec ça, mais j'avais vraiment faim…

En entendant les souvenirs du crocodile, Victor ferme vite son carnet et court rejoindre son collègue dans la voiture de police.

Tous les animaux font ainsi un tour dans Villeratus, même le tigre que Victor aurait bien verbalisé parce que le rat vert avait oublié de lui accrocher une lampe électrique au bout de la queue. Mais le gendarme-stagiaire a eu trop peur de s'approcher du fauve.

Il y a aussi les singes que Victor veut faire marcher en rang deux par deux.

– On n'est pas au pensionnat ! protestent-ils en lui tirant la langue.

Et Victor sort son carnet de sa poche :

– Oh là là ! fait-il. Votre cas est très grave. D'abord, vous tirez la langue à un gendarme-stagiaire, ce qui est interdit : *loi du 6 janvier 1876.* Ensuite, vous ne respectez pas *la loi du 16 août 1704, Article 9, alinéa 4.* Cette ancienne loi, très raisonnable à mon avis, prévoit que les groupes de plus de quatre doivent marcher en rang par deux.

– Laisse mes copains tranquille ! dit Ratus.

Évidemment, Victor ne veut rien entendre. Il compte les singes et conclut :

– Tes singes en promenade étant au nombre de dix-sept, la loi s'applique à eux. Donc, je verbalise. Ils devaient marcher par deux.

– Eh ! le gendarme-stagiaire, crie un singe plus malin que les autres, on veut bien marcher par deux, mais le dix-septième, comment va-t-il faire pour marcher par deux puisqu'il est tout seul ?

Les singes, Ratus et tous les gens à leur balcon éclatent de rire.

– Silence ! se met à tonner Victor. Si le dix-septième est tout seul, il ne forme plus un groupe de quatre, non ? Donc il n'est pas tenu de marcher en rang par deux, lui !

Et d'un crayon rageur, il rédige un procès-verbal pour chaque singe qui a tiré la langue, un autre pour chaque singe qui ne marchait pas en rang par deux, sans oublier quelques autres pour Ratus et les gens qui se sont moqués de lui depuis leur balcon…

5

Le directeur du zoo n'étant toujours pas rentré de vacances, Ratus continue à promener les animaux en ville.

Aujourd'hui, c'est le tour de Paulo, le gorille. Dès son apparition dans les rues de Villeratus, il a un énorme succès : il joue au ballon avec des enfants, aide un vieux monsieur à traverser, fait un bisou à la boulangère qui lui a offert un croissant. Bref, il devient vite populaire et tout le monde veut lui serrer la patte. Sauf Victor, bien entendu, qui est resté à la gendarmerie pour interroger l'ordinateur de la police dans l'espoir qu'une ancienne loi lui permettra de prendre le gorille en flagrant délit de quelque chose. Depuis le début de son stage, il a déjà dressé beaucoup de contraventions et il espère atteindre la centaine avant le retour de vacances de son chef.

Ce soir-là, M. Tacot propose à Ratus de le raccompagner au zoo avec sa voiture. Le rat vert s'assoit à côté du conducteur et Paulo s'installe sur le siège arrière. Et c'est sur la route du retour que tout commence à se gâter. Gyrophare, coups de sifflet rageurs du gendarme-stagiaire !

– La loi du 26 décembre 1938 interdit de conduire avec un gorille à l'arrière de la voiture ! annonce Victor. Je verbalise.

Il sort son crayon, son carnet et il écrit.

– Et à l'avant ? l'interroge Ratus.

– Quoi ? crie Victor, furieux qu'on le dérange dans la rédaction d'un P.-V.

– Et si on met Paulo à l'avant ? répète Ratus.

– À l'avant, je ne sais pas, la loi ne précise pas. Mais à l'arrière, c'est interdit.

Il continue d'écrire tandis que Ratus ouvre la portière, descend, recule son siège et fait signe à Paulo de s'y installer. Mais le gorille est si gros que M. Tacot n'a plus assez de place. Il descend donc de voiture à son tour et va s'asseoir à côté de Ratus, à l'arrière.

– Ça y est, dit Ratus. On est en règle avec ta loi. Le gorille n'est plus à l'arrière.

Le gendarme-stagiaire regarde dans la voiture d'un œil noir.

– Et qui va conduire, maintenant ? fait-il. Le gorille, peut-être ?

– J'ai pas dit ça, répond Ratus.

– Alors qui va conduire ?

– Personne. Le chauffeur ne peut pas puisqu'il est derrière et que le volant est devant.

– J'ai compris, dit Victor. Dès que j'aurai le dos tourné, le gorille va démarrer et c'est lui qui conduira ! Il a son permis ?

– Non.

– Qui a son permis dans cette voiture ?

M. Tacot lève la main.

– Alors, prenez le volant ! ordonne Victor.

– Je ne peux pas, fait M. Tacot. Il y a Paulo !

– Prenez le volant ! répète le gendarme-stagiaire.

Le gorille voudrait bien faire plaisir à ce gendarme-stagiaire qui est de mauvaise humeur. Il le regarde en penchant la tête de côté et en plissant les yeux. Il lui tend même la patte, mais rien n'y fait.

– Je vous ai dit de prendre le volant ! répète Victor avec autorité.

Eurêka ! Ça y est ! Le gorille a trouvé. Il arrache le volant d'un coup et le tend à M. Tacot qui le prend sans trop comprendre ce qui arrive.

– Qu'est-ce qu'il fait ? hurle Victor. Il casse la voiture ! Le vandale ! Je verbalise.

– Mais non, dit Ratus. Le gorille a juste fait ce que tu lui as dit de faire.

– Je ne lui ai jamais dit de casser la voiture, proteste Victor.

– Non, admet Ratus avec un sourire moqueur, mais maintenant, tu dois être content : M. Tacot a pris le volant !

Bien sûr, M. Tacot est furieux et s'en prend au gendarme-stagiaire :

– Incapable ! Embêter un gorille aussi gentil et le forcer à casser ma voiture, c'est une honte !

– Taisez-vous ! fait Victor.

– Vous l'obligez à mettre ma voiture en pièces et vous voulez que je me taise ? Idiot !

C'en est trop pour Victor qui se met à crier :

– Insulte à un gendarme, ça va vous coûter cher ! Au nom de la loi, je vous arrête.

– Pas ça, Victor ! dit Ratus.

– Je t'arrête aussi ! hurle le gros chien.

Pour M. Tacot, qui est responsable si le volant de sa voiture est cassé ?

– Mais je ne peux pas abandonner Paulo, proteste Ratus.

Victor se moque bien de ce qui peut arriver au gorille.

– Fallait y penser avant !

Et emporté par la colère, il passe des menottes à Ratus et à M. Tacot, les pousse devant lui et les emmène à la gendarmerie.

Sur le bord de la route, Paulo le gorille est maintenant tout seul. Longtemps après que la voiture de police a disparu à l'horizon, il est toujours là qui agite tristement la main pour dire adieu au rat vert.

La nouvelle de l'arrestation de M. Tacot et de Ratus se répand comme une traînée de poudre malgré l'heure tardive. La moitié de la ville descend dans la rue en pyjama et se rend devant la gendarmerie.

En entendant des cris, Victor sort comme un diable de sa boîte et il distribue des procès-verbaux pour tapage nocturne à tous ceux qui sont venus pour faire libérer les deux prisonniers. Mais comme la foule grossit de minute en minute et devient menaçante, Victor rentre vite dans les locaux de la gendarmerie où il s'enferme.

On essaie de joindre le chef des gendarmes, le maire, le juge, mais tous sont introuvables. Finalement, on va chercher Eugène Duképis, gendarme à la retraite, qui tente de calmer la foule en lui expliquant que le stagiaire s'est trompé en voulant bien faire.

– À mon idée, dit-il, le gorille a dû s'énerver. Il a voulu faire du mal à ce pauvre Ratus et à ce bon M. Tacot. Alors, le stagiaire Victor a fait son devoir : il a arrêté Ratus et M. Tacot pour pouvoir assurer leur protection.

La foule se doute bien que le vieux gendarme arrange la réalité à sa façon, mais elle ne dit rien, car elle le connaît : il a toujours fait ce qu'il pouvait pour être juste et protéger les habitants de Villeratus.

– Ça, c'est un gros mensonge ! crie pourtant quelqu'un dans la foule.

– Vous n'y étiez pas ! crie alors un autre.

Victor veut absolument raconter sa version des événements, mais le vieux gendarme lui donne un coup de coude et lui murmure :

– Si tu n'es pas d'accord, je t'emmène vers le gorille et je te laisse seul avec lui.

Alors Victor annonce en souriant jaune : 16

– Il a raison, ça s'est passé comme il a dit. On croirait qu'il y était…

Et c'est ainsi que Ratus et M. Tacot sont libérés vers une heure du matin, l'un pressé de retrouver sa voiture et sa maison, l'autre pressé de retrouver son gorille et de le ramener au zoo.

Mais si la voiture est toujours au bord de la route, le gorille, lui, n'y est plus. Il n'est pas dans les environs non plus.

Le lendemain matin, au grand désespoir de Ratus et de tous les habitants de la ville, Paulo n'est toujours pas revenu au zoo. Où est-il passé ? Quelqu'un l'aurait-il enlevé ?

6

Après avoir en vain cherché Paulo, Ratus rentre chez lui très fatigué. Il se couche quelques heures, puis se lève et déjeune en regardant les nouvelles à la télévision. Il apprend que les responsables de
la ville ont décidé d'abréger leurs vacances et de 17
rentrer.

En attendant, l'enquête a été confiée à Eugène Duképis, le gendarme retraité. Suit une interview au cours de laquelle il explique qu'il sera assisté dans son travail par les quatre gendarmes-stagiaires placés sous la direction du plus sérieux d'entre eux, Victor.

– Pensez-vous retrouver Paulo le gorille dans la journée ? lui demande un journaliste.

– Affirmatif ! répond le gendarme retraité.

– Est-il en danger ? questionne un autre.

– Négatif ! répond-il.

– Avez-vous une piste ? voudrait bien savoir un troisième.

– Évasif ! fait-il d'un air mystérieux.

N'obtenant pas de réponse plus précise, un journaliste de télévision interroge Victor.

– Monsieur le gendarme-stagiaire, pouvez-vous nous faire une déclaration ?

– Bien sûr, répond le gros chien en se recoiffant avec les doigts et en bombant le torse. À mon avis, c'est un coup du rat vert. Il faut s'attendre à une demande de rançon, cent kilos de gruyère, ou quelque chose comme ça.

– Vous avez des preuves ?

– Oh, oui ! répond Victor. Depuis que je suis stagiaire à la gendarmerie de Villeratus, le même rat vert a déjà été l'objet de vingt-sept procès-verbaux. C'est un signe qui ne trompe pas.

Le journaliste se tourne alors vers la caméra et s'adresse aux téléspectateurs :

– Notre nouveau gendarme M. Victor n'a pas encore beaucoup d'expérience. Mais comme vous l'avez entendu, il est déjà sur la piste d'un ravisseur vert ! Ici Jean Blablabla, pour Radio Télévision Nationale.

Ratus est furieux. Il éteint sa télé, fait sa toilette à toute vitesse, s'habille et se rend chez ses voisins.

– Victor vient encore de raconter n'importe quoi à la télé ! dit-il au grand-père chat. Il faut que tu m'aides.

Il explique qu'il a besoin de la voiture de Victor pour retrouver Paulo le gorille.

– À toi, il te la prêtera, continue Ratus. Mais il ne doit pas savoir que tu la conduiras pour moi.

– Tu as une idée sur ce qui a pu se passer ? demande Belo.

Ratus fait oui de la tête.

– Tu devrais tout de même en parler à Victor. Il est gendarme-stagiaire et on dit qu'il participe à l'enquête.

– Surtout pas ! Il ne comprend rien. Il pense seulement à me mettre des P.-V. ! Et tu oublies qu'il nous a arrêtés, moi et M. Tacot.

– Eh bien, demande à M. Tacot de te prêter sa voiture.

– Elle n'a plus de volant. Tu sais, j'ai bien réfléchi. La seule chance qu'on a de retrouver Paulo, c'est que tu conduises la voiture de Victor et qu'on aille pique-niquer tous les quatre.

– Hourra ! font Marou et Mina.

Belo voudrait bien connaître le plan qui trotte dans la tête du rat vert et ce que cache cette histoire de pique-nique, mais Ratus ne veut rien dire.

– Je te raconterai tout quand on sera dans la voiture, pas avant.

– Mais tu me demandes de mentir à mon meilleur ami ! Tu te rends compte ?

– C'est pas grave, tu lui diras la vérité après.

– Ça m'ennuie vraiment, dit Belo.

– Si tu fais ce que je te dis, tu m'aideras à sauver Paulo. Tu n'as qu'à raconter à Victor que tu as envie d'aller pique-niquer à la campagne avec Marou et Mina, mais que tu ne peux pas y aller parce que tu as seulement une moto, ce qui est la vérité. Surtout, n'oublie pas d'ajouter que tu l'as vu à la télé et que tu l'as trouvé très bien. Il sera tellement fier qu'il ne te posera pas de questions.

Belo soupire, mais il pense qu'il est préférable de rester avec Ratus pour éviter qu'il fasse des bêtises, aussi appelle-t-il Victor. Il lui parle de son passage à la télévision et obtient sans difficulté ce qu'il lui demande.

D'après Ratus, où est Paulo le gorille ?

C'est ainsi qu'une heure plus tard, Belo est au volant de la voiture de Victor et emmène Ratus, Marou et Mina en pique-nique.

– Alors, où va-t-on ? demande-t-il.

– Chez ma grand-mère, répond le rat vert.

Les chats sont surpris, mais ne disent rien. Après tout, ce sera très agréable de passer la journée à Ratefontaine avec Mamie Ratus et de pique-niquer dans le parc ombragé de sa grande maison.

Pendant le trajet, Ratus raconte le début de son enquête et explique ce qu'il a en tête :

– Quand je suis retourné au bord de la route, là où on avait laissé Paulo, j'ai vu des traces de pneus sur le bas-côté, les pneus d'une petite voiture, comme celle de ma grand-mère.

– Rien ne prouve que c'était la sienne.

– Oh si ! fait le rat vert. D'abord, hier soir, elle avait un tournoi de bridge chez des amies à Villeratus. Ensuite, j'ai trouvé une preuve. Dans l'herbe, j'ai ramassé un gros bouton : c'était un bouton de sa veste irlandaise. Je l'ai reconnu.

– Un bouton de veste ne prouve rien…

– Si, parce qu'il y a un trèfle dessus. Et le trèfle

est un symbole de l'Irlande.

Ratus n'a pas l'ombre d'un doute : c'était bien un bouton de la veste de sa grand-mère.

– Elle a dû voir Paulo et elle s'est arrêtée.

– C'est possible, dit Belo. Mais pourquoi aurait-elle emmené un gorille ?

– Pour lui tenir compagnie, suggère Mina. Il paraît que Paulo est très gentil et Mamie Ratus doit s'ennuyer toute seule.

– J'ai mon idée sur ce mystère, fait le rat vert avec un drôle de sourire. Mais d'abord, il faut retrouver Paulo. Je suis sûr qu'il est chez elle !

Et Ratus expose son plan :

– Quand on arrivera chez ma mamie, on dira qu'on vient la chercher pour aller pique-niquer. Bien sûr, elle ne voudra pas quitter sa maison, à cause de Paulo qui doit être quelque part chez elle. Alors je proposerai qu'on pique-nique dans le jardin. Elle n'osera jamais refuser, et j'aurai tout l'après-midi pour chercher Paulo pendant que Belo lui fera la conversation pour l'occuper.

– Je ne comprends toujours pas pourquoi elle cacherait le gorille chez elle, dit le grand-père chat. Mais si c'est le cas, ton plan peut marcher.

Effectivement, ça marche! Mamie Ratus a l'air d'être heureuse de voir arriver Belo et ses passagers, mais elle refuse de partir avec eux. Elle grogne quand Ratus propose de pique-niquer dans le jardin, mais comme il l'avait prévu, elle n'ose pas refuser.

La dernière bouchée avalée, Ratus, Marou et Mina vont jouer dans le parc. Ils courent, se cachent derrière les buissons, puis ils entrent dans la maison, vont au grenier, à la cave, inspectent les placards, les armoires et toutes les cachettes possibles.

Mais rien. Ratus doit se rendre à l'évidence : il n'y a pas de gorille dans la maison!

– Si Paulo n'est pas dedans, c'est qu'il est dehors, en conclut logiquement Mina.

– Dehors, répète Ratus, dans le jardin? Non… Alors, dans la forêt qui prolonge le parc…

Il réfléchit à haute voix. Marou et Mina sont suspendus à ses paroles.

– La forêt… la petite maison… oui, il doit être dans la petite maison de la forêt… Dans la petite maison qu'occupait autrefois le garde forestier.

Ratus a retrouvé son optimisme. 18

– Venez, dit-il, mais il ne faut pas que Mamie Ratus nous voie, sinon elle nous empêcherait d'y aller. Elle dirait que c'est à cause de la mare aux serpents. Suivez-moi…

– La mare aux serpents ! s'écrie Mina. Alors j'y vais pas.

Marou s'est mis à côté de sa sœur. Il ne veut pas y aller non plus.

– Alors, j'y vais tout seul, dit Ratus. Puisque vous restez là, jouez au ballon dans le jardin. Si ma grand-mère me cherche, dites-lui que j'avais mal au ventre et que je suis… quelque part.

Et le rat vert s'en va. Il fait un grand détour pour éviter d'être vu de Mamie Ratus et de Belo, puis s'enfonce dans la forêt en direction de la petite maison. Il n'est pas rassuré : il a parcouru une centaine de mètres quand il aperçoit une grosse branche cassée. Il s'en empare et reprend son chemin en tapant sur le sol avec le bâton.

Il parle tout seul pour se rassurer :

– Il paraît que ça fait vibrer la terre et que les serpents se sauvent.

Il aperçoit la mare et la contourne. À peine l'a-t-il dépassée qu'il se met à courir comme si tous les serpents de la forêt étaient à ses trousses. Il s'arrête hors d'haleine en bordure d'une clairière. La petite maison se dresse devant lui. Il s'en approche, courbé en deux, caché par les herbes. Il ramperait bien s'il n'avait pas peur de se trouver tout à coup nez à nez avec un serpent.

Il est sur le point de crier le nom du gorille pour l'appeler, mais il se ravise :

– Ma mamie pourrait m'entendre.

Il est maintenant près d'une fenêtre et se redresse lentement. C'est à ce moment-là qu'il sent une présence derrière lui…

7

Ratus se retourne, mais rien. Personne.

Dissimulé par les herbes, il fait le tour de la petite maison pour arriver jusqu'à la porte qu'il ouvre lentement. À l'intérieur, la pièce est vide. Pourtant, les rideaux bougent, une chaise à bascule se balance toute seule, comme si quelqu'un venait de se lever. Le rat vert est sur le point de prendre ses jambes à son cou quand il pense tout à coup aux fantômes, les ex-maris de Mamie Ratus*.

– Que je suis bête ! s'écrie-t-il. Ce sont eux, mais je ne peux pas les voir, il n'est pas minuit.

Il s'avance alors vers la vieille horloge et tourne ses aiguilles jusqu'à ce qu'elles soient toutes les deux sur le douze. L'horloge se met à sonner et, au douzième coup, les fantômes apparaissent.

– Vous pouvez vous vanter de m'avoir fait

---

* Voir *Ratus et les fantômes de sa mamie*. Collection Ratus.

peur ! leur dit-il d'un ton de reproche.

Mais les fantômes ne répondent pas.

– Ah, oui ! fait Ratus. Il faut que je prononce la formule magique pour que vous puissiez parler. *Hakounamatata, salut les papys ! Polépolé, on va discuter.*

– Salut, Ratus ! crient les fantômes.

– Comment vas-tu ? demande l'un d'eux.

– Et Marou ? Et Mina ? demande un autre.

– Et ce gros nigaud de Victor ? demande un troisième.

– Tu es devenu bon en dictée ? demande le fantôme professeur.

Chacun veut savoir quelque chose. Mais Ratus n'est pas venu là pour ça.

– Je cherche Paulo, dit-il.

– C'est un nouveau ? demande le plus vieux des fantômes qui a été le premier mari de Mamie Ratus. Ta grand-mère s'est encore remariée ?

– Non, mais j'ai peur qu'elle veuille le faire. Et vous savez ce qui arrive chaque fois qu'elle se remarie.

– Oh oui, on connaît ! gémissent les fantômes. Dès qu'on n'obéit pas, on a un accident, on devient un fantôme et on reste toute l'éternité chez elle.

– Remarque, dit l'un d'eux, on passe de bons moments ensemble : on se promène, on joue aux cartes, on lit, on discute. Et puis, on est heureux quand tu viens nous voir… On t'aime bien.

– Moi aussi, je vous aime bien, dit Ratus. Mais je trouve que ça suffit comme ça. Si on laisse faire ma grand-mère, elle va encore se marier et vous serez trop nombreux.

– C'est vrai, dit le plus vieux. À douze, c'est supportable, mais au-delà, on finirait par se chamailler. Pourquoi es-tu venu aujourd'hui ?

– Paulo le gorille du zoo a disparu, répond Ratus. Est-ce que vous l'avez vu ?

Les fantômes font oui de la tête et montrent la porte du fond.

En effet, Ratus découvre Paulo dans la pièce voisine. Le gorille est assis en face d'un écran, casque sur les oreilles, manette de jeu dans les mains. Il est passionné par un petit personnage qui fait la course avec ses copains en essayant d'éviter un gros gendarme en colère. Paulo a l'air de trouver ce jeu vidéo si captivant qu'il n'entend même pas entrer Ratus.

– Zut ! grogne-t-il. J'ai encore perdu !

Il émerge alors de sa partie et découvre le rat 19
vert qui le regarde en souriant.

– Tu viens pour mon mariage avec ta grand-mère ? lui demande-t-il. Il aura lieu demain.

« Aïe, aïe, aïe, c'est bien ce que je craignais », se dit Ratus.

Il explique à Paulo qu'il ne doit pas épouser sa grand-mère, que c'est dangereux, mais le gorille ne veut rien entendre.

– Mais non, elle est gentille, attentionnée, douce. Elle fait tout ce que je veux.

– Ça, dit le rat vert, c'est Mamie Ratus d'avant le mariage. Après le mariage, c'est une autre histoire.

– Ce n'est pas possible, dit Paulo.

– Attends, tu vas comprendre.

Ratus demande au gorille de répéter la formule magique qui permet de causer avec les fantômes :

– *Hakounamatata, venez les fantômes, polépolé, répondre à mes questions.*

Aussitôt, les douze fantômes de Mamie Ratus apparaissent et se mettent à parler en même temps :

Qu'est-ce que Mamie Ratus
a promis au gorille ?

– Elle est terrible, dit l'un. Elle m'a fait monter sur le toit pour réparer des tuiles et c'est comme ça que je suis devenu un fantôme.

– Moi, elle m'a fait réparer l'électricité, et boum !

– Moi, elle m'a forcé à passer dans la cheminée pour jouer au Père Noël, et patatras !

– Moi, elle me donnait des coups de balai quand je faisais le ménage, et vlan !

Tous racontent leurs misères, d'où il ressort que Mamie Ratus n'est pas du tout la douce personne que Paulo imagine.

– Pourtant, dit-il, elle m'a promis que si je restais avec elle, je ne ferais rien, comme au zoo, que je pourrais regarder la télé toute la journée et que je pourrais manger autant de bananes, de maïs grillé et de cacahuètes que je voudrais.

Là, tous les fantômes éclatent de rire.

– Et tu l'as crue ?

– Euh… oui.

Les fantômes s'esclaffent de plus belle. 20

– Arrêtez de rire et de vous moquer de Paulo, dit Ratus. Il est sensible…

Le pauvre gorille, abattu par ce qu'il vient

d'apprendre, a posé sa tête sur l'épaule du rat vert.

– Alors, qu'est-ce qu'on fait ? demande-t-il.

– On rentre, lui répond gentiment Ratus. Je vais faire un bisou à ma grand-mère et je te ramène au zoo. D'accord ?

Paulo pousse alors un gros soupir et se dirige d'un pas lourd vers la porte.

– Adieu ! lui disent les fantômes. On ira te voir au zoo. Mais il faudra te souvenir de la formule magique si tu veux qu'on puisse se parler.

8

Quand Mamie Ratus voit arriver le gorille, elle se lève d'un bond :

– Paulo ! Qu'est-ce que tu fais là ?

– Je le ramène au zoo, Mamie, dit le rat vert d'une voix ferme. Tout le monde le cherche.

– Mais… j'ai besoin de lui ! fait la grand-mère. J'ai été cambriolée, il me faut un gorille pour garder ma grande maison et mon parc ! Et puis, il y a beaucoup de travail à faire ici : laver les murs, repeindre les plafonds, tondre le gazon, réparer les prises électriques, que sais-je encore…

Elle conclut d'une voix autoritaire :

– Paulo, reste là !

– Ce n'est pas possible, dit Belo. Les gendarmes le cherchent et vous allez être accusée d'enlèvement. Il faut qu'il rentre au zoo.

– Pas question ! dit Mamie Ratus. D'ailleurs,

j'ai tout prévu. Pour que le zoo ne puisse pas le reprendre, je l'épouse. Comme ça, il restera chez moi. Un mari costaud avec une fourrure de nounours et une cervelle pas trop grosse, c'est ce qu'il me faut.

Le gorille, plus malin que Mamie Ratus ne le croit, s'approche de la grand-mère en colère, penche la tête, la pose gentiment sur son épaule et lui prend la main :

– Mamie Ratus, vous êtes la plus adorable
grand-mère du monde, lui susurre-t-il à l'oreille. 21

Non seulement Mamie Ratus se calme, ce que voulait Paulo, mais elle rougit.

– J'irai te voir au zoo, mon gentil Paulo, lui dit-elle d'une voix triste.

Il faut encore quelques minutes de larmes à Mamie Ratus pour laisser partir celui qu'elle aurait voulu prendre pour mari et pour homme à tout faire, mais Paulo finit par se libérer et Belo par démarrer. Le gorille a pris place à l'arrière et fait poliment des signes de la main en direction de la grand-mère.

– Ouf ! fait-il une fois le premier virage passé. Je l'ai échappé belle. Merci, Ratus.

La voiture n'est plus très loin du zoo quand, tout à coup, une sirène de police retentit. Belo se range sagement sur le bas-côté de la route. Un gendarme furieux s'approche en gesticulant et en soufflant dans son sifflet. C'est encore Victor !

– Je l'ai déjà dit : la loi du 26 décembre 1938 interdit de conduire avec un gorille à l'arrière de la voiture ! hurle-t-il. Je verbalise.

Il commence à écrire quand, reconnaissant tout à coup sa voiture et leurs occupants, il s'étrangle d'indignation.

– Mais, c'est ma voiture avec un gorille sur le siège arrière ! Un gorille dans ma voiture !

Il regarde Belo d'un air de reproche, puis apercevant Ratus, il laisse tomber son carnet.

– Il va craquer, dit le rat vert.

Effectivement, Victor semble soudain las et découragé :

– Je n'en peux plus ! gémit-il. Gendarme, c'est pas un métier, c'est une punition. Je rêvais d'être gendarme pour faire respecter l'ordre et la loi, mais c'est trop difficile…

Il n'en finit pas de se plaindre :

– Je n'y arrive pas. Je ne sers à rien…

– Mais si, lui dit Belo. C'est grâce à ta voiture qu'on a retrouvé Paulo. Dans le fond, c'est grâce à toi !

– Tu crois ?

– Bien sûr, sans toi Paulo serait toujours chez Mamie Ratus. Elle l'aurait épousé pour le garder à son service, et il serait devenu un fantôme de gorille… En fait, tu l'as sauvé.

Ces paroles réconfortent le pauvre gendarme-stagiaire.

– Alors, puisque je sers à quelque chose, je vais vous escorter jusqu'au zoo.

– Bravo ! dit Ratus, mais à ta place, je ferais autre chose d'abord.

– Quoi ? demande Victor, méfiant.

– Je préviendrais les journalistes. Ce serait bien s'ils étaient là quand tu ouvriras la porte pour que Paulo descende…

– Excellente idée ! fait Victor qui se voit déjà interviewé sur toutes les chaînes de télévision.

– Oui, mais à une condition, dit Ratus. Sinon je raconte toute la vérité.

Victor fait la grimace.

– Quelle condition ?

– Tu annules les contraventions stupides que tu m'as mises.

Comme Victor hésite, Ratus ajoute :

– Tu n'as pas le choix, autrement tu passeras pour un idiot. Et avec tout ce que tu as fait aux habitants de Villeratus depuis que tu es gendarme-stagiaire, tout le monde me croira.

Victor fait une horrible grimace. Il grogne, il rechigne, mais il finit par accepter.

– Je suis d'accord, mais d'abord il faut que je téléphone.

Et c'est ainsi que la voiture de police pilotée par Victor arrive au zoo, suivie de celle conduite par Belo. Sous les crépitements des appareils photos et devant les caméras de télévision, Victor fait descendre Paulo de voiture et répond aux questions des journalistes. Quelques instants plus tard, le gorille rejoint son enclos accompagné de Ratus, Marou et Mina.

Le soir même, le zoo reste exceptionnellement ouvert jusqu'à minuit pour fêter le retour de Paulo. Tout Villeratus est là. Les gens sont venus apporter un petit cadeau au gorille, qui une banane, qui un gâteau, qui un chapeau de paille…

Qui est le directeur du zoo ?

Monsieur Tacot lui a même offert son vieux téléviseur.

– Comme ça, lui dit-il, tu pourras regarder le sport, les films de King Kong et de Spider-Man, les concours de chanteurs, tout ce que tu veux…

Mamie Ratus est là, elle aussi, un mouchoir brodé à la main, une larme à l'œil.

– Coucou, Paulo ! crie-t-elle.

Mais Paulo, qui a branché son téléviseur, est en train d'essayer la télécommande et s'amuse à zapper. Il n'entend pas la grand-mère qui l'appelle.

– Ingrat ! grogne-t-elle.

Puis, apercevant un blondinet moustachu en costume rayé qui discute avec son ratounet, elle oublie le gorille et se dirige vers l'interlocuteur de son petit-fils.

– On se connaît ? demande-t-elle.

– Non madame, répond-il. Je suis le directeur du zoo. Je rentre à l'instant de vacances où je suis allé étudier la vie des crabes de Californie.

– Oh ! Un directeur de zoo ! Mais c'est parfait, ça. Figurez-vous que je n'ai pas encore eu de mari directeur de zoo.

Étonné par ce qu'il vient d'entendre, le blondinet se sauve à reculons, à la manière des crabes… Le juge, le maire et le chef de la gendarmerie sont eux aussi rentrés de vacances. Ils sont occupés à féliciter Victor.

– Monsieur Victor, dit le maire, vous avez fait un bon travail. En l'absence des responsables, vous avez su vous charger de l'ordre dans notre ville. Vous étiez gendarme-stagiaire, je vous nomme titulaire à la place de l'adjudant Duképis qui a pris sa retraite.

Tout le monde applaudit Victor qui rougit et déclare :

– Merci, monsieur le maire. Je suis très honoré, mais je ne peux pas accepter. Gendarme est un métier trop difficile pour moi. C'est impossible de protéger tout le monde, de ne pas se tromper, d'être à la fois juste, sévère et gentil. Je ne m'en sens pas capable.

– Allons, monsieur Victor ! fait le chef des gendarmes. Vous êtes trop modeste…

Mais Victor n'en démord pas. Il est vrai que 22
le rat vert lui a promis de tout raconter aux journalistes s'il le revoyait avec un képi sur la tête.

Ratus lui a aussi fait remarquer que ses muscles disparaissaient sous un uniforme. Victor s'est regardé dans un rétroviseur et il a constaté que le rat vert avait raison. Aussi sa décision est-elle prise : il ne sera jamais gendarme ! Et pas plus le maire que le juge ou n'importe qui d'autre ne pourra le faire changer d'avis.

Le lendemain, Marou et Mina sont devant la fosse du gorille quand ils aperçoivent Ratus qui se dirige vers eux.

– Viens vite, lui crie Mina. Il y a quelque chose de bizarre. Regarde Paulo !

Le gorille est installé face au téléviseur de M. Tacot. Il brandit la télécommande et semble parler tout seul. De temps en temps, il rit même, puis se tait, recommence à rire, tourne la tête, tantôt à droite, tantôt à gauche, montrant parfois le téléviseur et faisant des gestes comme s'il voulait s'assurer d'être bien compris.

– Je crois que ta grand-mère l'a rendu fou ! dit Marou.

– Vous n'y êtes pas ! fait Ratus en éclatant de rire. Il n'est pas tout seul. Il discute avec les fantômes de Mamie Ratus.

– Ils sont venus au zoo ? demande Marou. Mais comment ont-ils fait ?

– Hier, dans le coffre de la voiture de Victor, répond Ratus avec un sourire malin.

– On a donc voyagé avec des fantômes ? fait Mina, interloquée. 23

– Eh oui ! Paulo ne voulait pas rentrer sans ses nouveaux copains les fantômes, dit Ratus. Ils m'ont suivi quand je suis sorti de la forêt avec le gorille. Et quand Belo s'est dirigé vers la voiture pour partir, ils se sont installés dans le coffre.

Mina est étonnée que Paulo puisse voir les fantômes.

– Mais il n'est pas encore minuit ! dit-elle.

– C'est une astuce, explique Ratus. J'ai donné à Paulo un réveil. On a mis les aiguilles sur minuit et on a enlevé la pile. Maintenant, pour les fantômes, il est toujours minuit. Et comme Paulo connaît la formule magique, ils peuvent discuter.

Le rat vert prononce alors :

– *Hakounamatata, salut les papys ! Polépolé, ça va comme vous voulez ?*

Marou et Mina répètent à leur tour la formule

magique et voient apparaître les douze fantômes de Mamie Ratus autour du gorille, face au téléviseur.

Le plus vieux des fantômes s'approche de Ratus et lui chuchote à l'oreille :

– C'est le paradis, ici ! Mais ne dis surtout pas à ta grand-mère qu'on est là. On préfère être au zoo avec Paulo, plutôt que chez elle.

– Vous avez l'air de bien vous amuser ! lui dit Ratus.

– Tu parles ! On lui raconte toutes les farces qu'on a faites à Mamie Ratus.

Pour t'aider à lire

Retrouve ici
les mots expliqués
pour bien comprendre
l'histoire.

1

q-ré-q-l'homme vitré
Expression latine déformée par Ratus : *curriculum vitæ.*

cu-ri-cu-lom'vi-té

C'est ce qu'on écrit pour se présenter quand on cherche du travail.

2

un **quiproquo**
Erreur qui fait que l'on prend une chose pour une autre.

3

prendre **la poudre d'escampette**
Se sauver.

4

naïvement
En croyant tout ce qu'on nous dit, sans réfléchir.

5

s'ébrouer
Se secouer pour se débarrasser de l'eau.

6

inoffensif
Qui n'est pas dangereux.

7

une **infraction**
Une faute quand on n'a pas respecté la loi.

8

un **alinéa**
Sorte de paragraphe.

9

verbaliser
Dresser un procès-verbal pour faire payer une amende.

10

un **parcmètre**
Appareil dans lequel on met des pièces pour payer le stationnement.

11

un **P.-V.**
Abréviation de procès-verbal.

12
un **hamburger** (an-beur-gueur)
Sandwich rond.

13
la **procédure**
La manière de faire pour obtenir quelque chose.

14
barrir
Cri de l'éléphant.

15
rassasié
Qui n'a plus faim.

16
sourire jaune
Sourire forcé pour cacher sa gêne.

17
abréger
Raccourcir.

18
l'**optimisme**
Façon de voir le bon côté des choses.

19
il **émerge**
Paulo sort du jeu dans lequel il était plongé.

20
s'esclaffer
Éclater de rire, très fort.

21
susurrer
Murmurer doucement.

22
ne pas **en démordre**
Ne pas vouloir changer d'avis.

23
interloqué
Très, très étonné.

Collection Ratus

Découvre d'autres histoires dans la collection :

7•8 ans et +
niveau 3
BONS lecteurs

Des histoires bien adaptées aux jeunes lecteurs, avec des questions-dessins et des jeux de lecture.

29

40

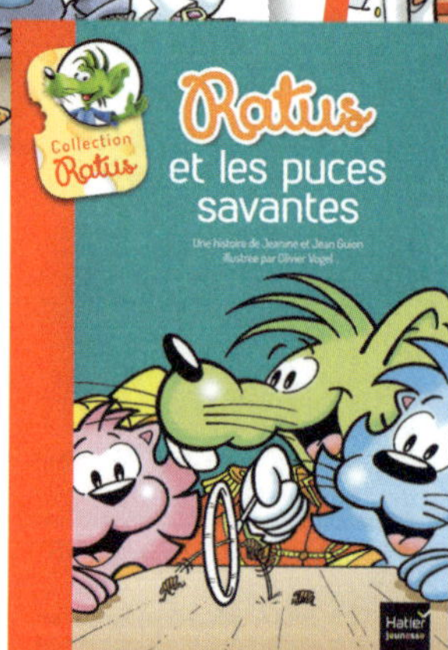

15

33

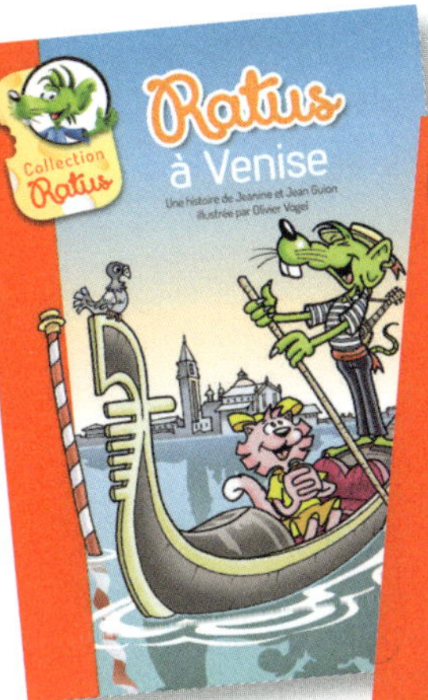

45

10

36

23

46

27

Collection Ratus

Et aussi…

8•10 ans et +

niveau 4

TRÈS BONS lecteurs

Des histoires plus longues, pour le plaisir de lire avec Ratus et ses amis.

43

17

19

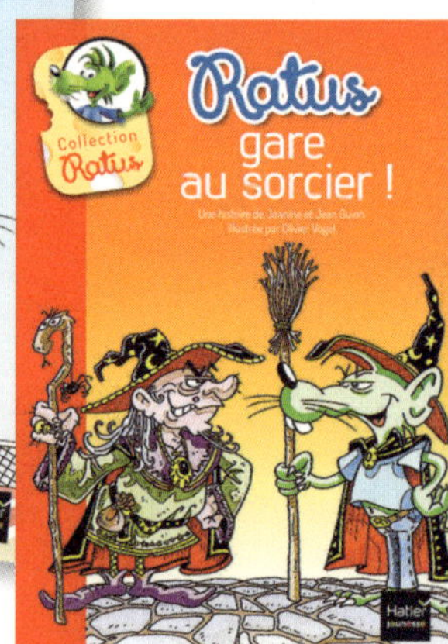

31

Collection Ratus
Les amoureux de Ralette
Une histoire de Jeanine et Jean Guion
illustrée par Luiz Catani
34
Collection Ratus
Ratus et l'étrange maîtresse
Une histoire de Jeanine et Jean Guion
illustrée par Olivier Vogel
41
Collection Ratus
Ratus à la ferme
Une histoire de Jeanine et Jean Guion
illustrée par Olivier Vogel
Hatier jeunesse
18
Collection Ratus
Ratus chevalier vert
Histoire de Jeanine et Jean Guion
illustrée par Olivier Vogel
20
Collection Ratus
Le jeu vidéo de Ratus
Une histoire de Jeanine et Jean Guion
illustrée par Olivier Vogel
25
Collection Ratus
Ratus et les animaux sauvages
Une histoire de Jeanine et Jean Guion
illustrée par Olivier Vogel
Hatier jeunesse
47
À bientôt !

Les bonnes réponses aux questions-dessins

Tu es un super-lecteur si tu as trouvé ces **10** bonnes réponses :

3, 6, 8, 12, 16, 17, 22, 23, 26, 30.